essentials

essentials liefern aktuelles Wissen in konzentrierter Form. Die Essenz dessen, worauf es als „State-of-the-Art" in der gegenwärtigen Fachdiskussion oder in der Praxis ankommt. *essentials* informieren schnell, unkompliziert und verständlich

- als Einführung in ein aktuelles Thema aus Ihrem Fachgebiet
- als Einstieg in ein für Sie noch unbekanntes Themenfeld
- als Einblick, um zum Thema mitreden zu können

Die Bücher in elektronischer und gedruckter Form bringen das Expertenwissen von Springer-Fachautoren kompakt zur Darstellung. Sie sind besonders für die Nutzung als eBook auf Tablet-PCs, eBook-Readern und Smartphones geeignet. *essentials:* Wissensbausteine aus den Wirtschafts-, Sozial- und Geisteswissenschaften, aus Technik und Naturwissenschaften sowie aus Medizin, Psychologie und Gesundheitsberufen. Von renommierten Autoren aller Springer-Verlagsmarken.

Weitere Bände in dieser Reihe http://www.springer.com/series/13088

Marco Furtner

Effektivität der transformationalen Führung

Helden, Visionen und Charisma

Springer Gabler

Prof. Dr. Marco Furtner
Universität Innsbruck
Innsbruck, Österreich

ISSN 2197-6708   ISSN 2197-6716   (electronic)
essentials
ISBN 978-3-658-15320-5   ISBN 978-3-658-15321-2   (eBook)
DOI 10.1007/978-3-658-15321-2

Die Deutsche Nationalbibliothek verzeichnet diese Publikation in der Deutschen National-
bibliografie; detaillierte bibliografische Daten sind im Internet über http://dnb.d-nb.de abrufbar.

Springer Gabler

Gedruckt auf säurefreiem und chlorfrei gebleichtem Papier

Springer Gabler ist Teil von Springer Nature
Die eingetragene Gesellschaft ist Springer Fachmedien Wiesbaden GmbH
Die Anschrift der Gesellschaft ist: Abraham-Lincoln-Strasse 46, 65189 Wiesbaden, Germany

Was Sie in diesem *essential* finden können

- Eine Einführung in die Kernelemente der transformationalen Führung
- Darstellung der Einflussgrößen des Charismas und der transformationalen Führung
- Ein grundlegendes Verständnis über die Wirkmechanismen der transformationalen Führung
- Möglichkeiten, um das persönliche Charisma zu trainieren und zu entwickeln

Inhaltsverzeichnis

Einleitung 1

Kein anderes Konzept hat die Führungsforschung in den vergangenen Jahrzehnten so fasziniert und revolutioniert, wie die transformationale Führung. Wissenschaftler und Praktiker sind gleichermaßen von ihr angezogen und fasziniert. Weshalb hat die transformationale Führung eine so hohe Anziehungskraft? Was beinhaltet sie und kann ich selbst eine transformationale Führungskraft werden? Das vorliegende Buch zielt darauf ab, diese Fragen schrittweise zu beantworten.

Die transformationale Führung gilt als das mächtigste und idealste Führungsverhalten, welches in der Führungsforschung jemals beschrieben wurde. In der Geschichte der Menschheit traten immer wieder Personen auf, welche dieses Führungsverhalten gezeigt haben. Doch welches Geheimnis steckt hinter der transformationalen Führung? Der besondere Reiz der transformationalen Führung liegt darin, dass ihr zentrales Kernelement das Charisma darstellt. Mittels des mächtigen emotionalen Beeinflussungsmittels des Charismas können transformationale Führungskräfte zur gegebenen Zeit Menschenmassen bewegen. Sie verfügen über jene Strahlkraft, welche Max Weber als „göttliche Gabe" bezeichnet hat. Unglaubliche Kräfte können durch charismatische Menschen freigesetzt werden. Transformationale Führung wirkt insbesondere in unsicheren, instabilen und dynamischen Zeiten. Sind die Menschen von Furcht besetzt, unzufrieden und verlieren sie die Hoffnung an eine bessere Zukunft, dann ist die Stunde der transformationalen Führung gekommen. Diese situative Komponente kann sowohl im unternehmerischen, organisationalen und politischen Kontext auftreten. Die Führungsforschung ist sehr flexibel und passt sich mit ihren Konzepten an die jeweiligen Erfordernisse der Zeit an. Beispielsweise kann seit Auftreten der Finanzkrise eine vermehrte Beschäftigung mit sehr „hellen" (z. B. ethische Führung, authentische Führung) und sehr „dunklen" (z. B. Narzisstische Führung, Dark Leadership) Führungsansätzen beobachtet werden. Obwohl die transformationale

© Springer Fachmedien Wiesbaden 2016
M. Furtner, *Effektivität der transformationalen Führung*, essentials,
DOI 10.1007/978-3-658-15321-2_1
1

Führung seit über 30 Jahren erforscht wird, nimmt sie immer noch einen Spitzenplatz in der Führungsforschung ein. Dies bestätigt, dass immer noch ein großes allgemeines Interesse vorliegt, sich mit diesem herausragenden Ansatz zu beschäftigen.

Die transformationale Führung bezieht sich auf Veränderung. Diese kann insbesondere dann stattfinden, wenn in der Gegenwart eine hohe Unzufriedenheit und ein starkes Bedürfnis nach Veränderung vorliegen. Geht es einer Organisation, einem Unternehmen oder einer Gesellschaft sehr gut, dann findet sich nur ein geringer Bedarf nach Veränderung. Die transformationale Führung wird nicht benötigt. Krisen begünstigen Veränderung. Bei wirtschaftlichen, sozialen oder politischen Krisen zeigt sich ein starkes Bedürfnis nach transformationaler Führung. Mittels der Strahlkraft des Charismas vermitteln transformationale Führungskräfte Sicherheit und Hoffnung. Neben der Hoffnung ist die Furcht eine der Grundantriebstendenzen. Menschen möchten Furcht vermeiden und sich der Hoffnung annähern. In instabilen, dynamischen und unsicheren Zeiten herrschen Unzufriedenheit, Furcht und eine grundlegende Existenzangst vor. Somit sind die beiden Grundmotivatoren zur Veränderung aktiviert. Die Sehnsucht nach einer „starken" Führungspersönlichkeit nimmt zu. Eine transformationale Führungskraft, welche sich der Furcht bewusst ist und die Hoffnung kommuniziert, befriedigt die Sehnsucht nach Sicherheit und Hoffnung. Die gesamte Geschichte der Menschheit zeigt, dass Krisen der Anstoß für Veränderungen waren. Darin liegt die große Macht der transformationalen und charismatischen Führung begründet: Sie versteht es, in Krisenzeiten die Massen in eine neue Richtung zu lenken. Die veränderungsorientierte Situation ist das erste Merkmal, ob transformationale Führungskräfte effektiv sind. Doch welche Eigenschaften muss eine transformationale Führungskraft aufweisen und welche Verhaltensweisen zeigt sie? Und nicht zu vergessen die entscheidende Frage: Kann transformationale Führung erlernt und möglicherweise das persönliche Charisma gestärkt werden? Das vorliegende Buch versucht diese Fragen in kurzer und einfacher Form zu beantworten: In Kap. 2 erfolgt eine kurze Einführung in die Thematik. Kap. 3 widmet sich den relativ stabilen Einflüssen der Persönlichkeit und des Machtmotivs. Sowohl „helle" als auch „dunkle" Persönlichkeiten und verschiedene Stufen der Machtmotivation werden beschrieben. In Kap. 4 werden die vier zentralen Dimensionen der transformationalen Führung erläutert. Kap. 5 geht auf die Effektivität der transformationalen Führung ein. In Kap. 6 wird die Frage beantwortet, inwiefern transformationale Führung trainiert und entwickelt werden kann und welche Komponenten erfüllt sein müssen, damit transformationale Führung effektiv ist.

Erzählungen über strahlende und heldenhafte Personen, welche sich für ein höheres Ziel und ihre soziale Umwelt einsetzen und aufopfern, faszinierten die Menschheit bereits seit jeher. In der Antike wurden Helden mit Halbgöttern oder sogar Göttern gleichgesetzt. Sie überzeugten mit herausragenden körperlichen oder geistigen Fähigkeiten und außergewöhnlichen Taten. Eine heldenhafte Person verfügt kurzum über fabelhafte Kräfte, welche sie für einen höheren (sozialen) Zweck (z. B. Führung einer unterdrückten Gemeinschaft) einsetzt. Die heldenhafte Führung wird häufig mit der transformationalen und charismatischen Führung gleichgesetzt. Um sich dem Mythos einer heldenhaften und charismatischen Führungskraft anzunähern, ist eine nähere Analyse der klassischen Literatur notwendig. Sowohl griechische, chinesische und indische Schriften betonen zwei Dimensionen, welche eine heldenhafte Person und demnach eine transformationale Führungskraft beherrschen sollte:

1. **Selbstbeeinflussung: Beherrschung der „inneren" Welt**
   Nach dem chinesischen Philosophen Konfuzius waren die höheren moralischen Kräfte der Führungskraft ein Schlüsselmerkmal zur positiven Entwicklung der Geführten. Eine „edle" Führungskraft entwickelt mittels Selbstbeherrschung ein hohes Gerechtigkeitsempfinden, Ruhe, Gelassenheit und Mitgefühl. Sie erkennt die höheren Zusammenhänge zwischen sich und ihrer Umwelt und zielt auf ein harmonisches Miteinander ab. Für die indische Philosophie nimmt die Entwicklung der Selbstkontrolle ebenfalls einen hohen Stellenwert ein: In der Bhagavad Gita ist Krishna der Held auf einem Schlachtfeld, welcher (in einem inneren Kampf) zunächst sich selbst beherrschen und kontrollieren muss, bevor er im (äußeren Kampf) auf dem Schlachtfeld losgelöst von egoistischen Tendenzen bestehen kann. Für den indischen Mönch Vivekananda sind die Entwicklung

© Springer Fachmedien Wiesbaden 2016
M. Furtner, *Effektivität der transformationalen Führung,* essentials,
DOI 10.1007/978-3-658-15321-2_2

eines starken Charakters, Selbstkontrolle und Selbstlosigkeit Grundvoraussetzungen für die Entwicklung einer herausragenden („charismatischen") Persönlichkeit. Beherrschen wir die innere Welt, so haben wir Macht über die äußere Welt.

2. **Fremdbeeinflussung: Beherrschung der „äußeren" Welt**

Die griechischen Philosophen beschäftigen sich vermehrt mit der charismatischen Fremdbeeinflussung. Platon liefert Hinweise, wie wichtige Ideen und Visionen mit einer einfachen und bildhaften Sprache (Symbole und Metaphern) beschrieben werden sollen. Mittels einer einfachen Sprache werden Ideen und Visionen so vermittelt, dass sie vom gesamten Zielpublikum sofort verstanden werden. Als inspirierende Führungskraft ist Ajax einer der Haupthelden des trojanischen Krieges und Xenophon liefert weitere Hinweise für die Wirkkraft einer transformationalen und charismatischen Führungskraft. In der Geschichte von 10.000 sich im persischen Rückzug befindlichen griechischen Söldnern zeigt sich deutlich der situative Einfluss bezüglich des Charismas. Die Söldner befanden sich in einer hoffnungs- und ausweglosen Situation. Eine Veränderung dieser unerträglichen Lage war unbedingt nötig. Xenophon überzeugte durch seine beruhigenden und inspirierenden Worte und sprach den Söldnern neuen Mut zu. Das Einheitsdenken wurde geschärft und Selbstinteressen zurückgestellt. Auf Basis seiner außergewöhnlichen sprachlichen Fähigkeiten konnte Xenophon in einer nahezu ausweglosen Situation das Ruder des „sinkenden Schiffes" übernehmen. Xenophon ist ein typisches Beispiel für eine klassische transformationale Führungskraft.

Mohandas „Mahatma" Gandhi: Charismatische Selbst- und Fremdbeeinflussung

Gandhi perfektionierte die Kunst der erfolgreichen Selbst- und Fremdbeeinflussung. Um andere Menschen erfolgreich zu führen, muss sich eine Person zunächst selbst effektiv führen. Auf die Unterdrückung des indischen Volkes durch die britische Kolonialherrschaft rief Gandhi zum gewaltfreien Widerstand auf. Mittels yogischer Techniken übte sich Gandhi in strenger Askese und Selbstkontrolle. Die Selbstkontrolle nutzte er zur Unterdrückung seiner egoistischen Tendenzen. Dadurch entwickelte sich eine Selbstlosigkeit, welche Gandhi authentisch vermitteln konnte. Obwohl er selbst in jungen Jahren britische Kleidung getragen hatte, zog er später zur Bekleidung nur mehr ein schlichtes indisches Tuch und einfaches Essen vor. Dadurch symbolisierte er dem Volk: „Ich bin einer von Euch". Gandhi vermittelte mit dem Streben nach Freiheit, Unabhängigkeit und Gerechtigkeit jene hohen Ideale und Werte, welche ihn schließlich als charismatische Persönlichkeit und transformationale Führungskraft erstrahlen ließen.

Charisma faszinierte die Menschen seit jeher und schon seit längerem stellt sich die Frage, welche Eigenschaften einer Person dafür verantwortlich sind, dass sie in einem „übermenschlichen" Glanz strahlt und erscheint. Um sich dem sagenumwobenen Charisma zu nähern, müssen drei Elemente näher betrachtet werden:

1. Die situativen Umstände
2. Aspekte der Persönlichkeit
3. Interaktive Mittel der Fremdbeeinflussung

1. *Situative Umstände*
In unsicheren und stressreichen Situationen zeigen charismatische Persönlichkeiten eine höhere Effektivität. Dies bedeutet, dass ihr Charisma bei hohen Unsicherheiten stärker erstrahlt. Angenommen, eine Organisation oder ein Volk befindet sich in einer stabilen Umwelt. Alle Personen wären relativ zufrieden, hätten ein sicheres Einkommen und einen sicheren Arbeitsplatz. Eine veränderungsorientierte (transformationale) Führungskraft würde diese Stabilität wohl eher nur gefährden. Transformationale Führungskräfte haben es in stabilen Umwelten relativ schwer, ihre veränderungsorientierten Visionen durchzusetzen, da der Wandlungsbedarf nicht sonderlich vorhanden ist. Sie würden auf massive Widerstände stoßen. In unsicheren und dynamischen Zeiten sehnen sich die Menschen nach Sicherheit und einer starken Kraft, welche sie führt. Die Zukunft ist ungewiss, möglicherweise ist der bisherige Standard gefährdet oder es herrscht bereits Hoffnungslosigkeit vor. Transformationale Führungskräfte sind Händler der Hoffnung. Sind Menschen (z. B. Geführte oder Anhänger) hochgradig verunsichert, dann öffnet sich deren Bereitschaft, sich für eine starke transformationale Führungskraft zu öffnen und ihr zu folgen.

2. *Aspekte der Persönlichkeit*
Ursprünglich wurde Charisma als besondere Gabe betrachtet, über welche nur wenige Menschen verfügen können. Entweder jemand hat eine besondere Ausstrahlung oder hat sie eben nicht. Das Charisma verleiht den Menschen eine außergewöhnliche Macht der Fremdbeeinflussung. Für Weber (1947) war dies jene Macht, welche einen göttlichen Ursprung haben musste. Einige Jahrzehnte später wandelte sich das Bild. Neben Aspekten der Persönlichkeit wurden vermehrt die Mittel und Techniken der emotionalen Fremdbeeinflussung (z. B. Rhetorik), die (subjektive) Wahrnehmung des Charismas bei den

Geführten (oder Anhängern) und die situativen Umstände (z. B. stabile versus dynamische Umwelt) betrachtet. Transformationale und charismatische Führungskräfte wirken aktiv, dynamisch und treten dominant auf. Sie sind selbstsicher und haben ein starkes Wertebewusstsein. Sie wissen, was ihnen wichtig und wertvoll ist und was nicht.

3. *Interaktive Mittel der Fremdbeeinflussung*
   Bereits die griechischen Philosophen (Platon und Aristoteles) konnten beobachten, dass charismatische Persönlichkeiten die Macht der Worte (Rhetorik) geschickt einsetzen können. Die charismatische Sprache ist einfach verständlich, sehr bildhaft und stark emotional gefärbt. Transformationale Führungskräfte wissen um die Macht der emotionalen Beeinflussung. Emotionen werden von allen Menschen verstanden, sie berühren, stecken an und können sogar das unbewusste System eines Menschen beeinflussen. Antonakis (2012) beschreibt eine Reihe von Taktiken und Mitteln, welche transformationale und charismatische Führungskräfte zur Fremdbeeinflussung anwenden:

   - Charismatische Persönlichkeiten lassen sich durch hohe Ideale leiten (z. B. Gerechtigkeit) und formulieren Visionen von einer hoffnungsvollen Zukunft
   - Die Vision wird in Form einer inspirierenden Rede vermittelt
   - Sie sind Meister der Rhetorik (z. B. Einsatz leiser und lauter Stimme, Änderung der Sprechgeschwindigkeit, sie hören zu, wiederholen und nutzen rhetorische Fragen)
   - Sie erzählen Geschichten
   - Charismatische Persönlichkeiten treten sehr dynamisch auf (nutzen Mimik, Gestik und Körpereinsatz)
   - Sie verwenden Metaphern (z. B. „Sie hat den Nagel auf den Kopf getroffen") und die „Wir-Sprache"
   - Botschaften werden so einfach wie möglich verpackt sowie positive und negative Emotionen genutzt
   - Charismatische Persönlichkeiten nutzen sowohl die *Hoffnung* als auch die *Furcht* als grundlegende menschliche Antriebstendenzen

Transformationale Führungskräfte haben eine „Antenne" für die aktuellen Bedürfnisse der Geführten. Sie analysieren den gegenwärtigen Zustand, die Hoffnungen und Ängste der Geführten und formulieren „verführerische" Argumente, um das Interesse der Geführten zu erwecken. Im Anschluss vermitteln sie eine überzeugende Vision der Zukunft, welche die Zuversicht der Geführten stärkt und einen starken Zauber auf sie ausübt. Dadurch intensiviert sich die emotionale

Bindung der Geführten zu ihrer transformationalen Führungskraft. Sie nehmen ihre Führungskraft als Vorbild (Idol) wahr und beginnen sie vermehrt nachzuahmen. Transformationale Führungskräfte können eine ganz außergewöhnliche Aura der Zuversicht vermitteln. Sie zeigen die absolute Überzeugung, dass die gesetzten Visionen und Ziele erreichbar sind. Transformationale Führungskräfte agieren als Rollenmodelle und Vorbild. Je *charismatischer* eine Person wirkt, desto stärker wollen sich die Geführten oder Anhänger mit ihr *identifizieren*. Für Führungskräfte in der Praxis bedeutet dies: Je mehr die Geführten sie *nachahmen*, sie als *Vorbild nehmen* und sich mit ihr *identifizieren*, desto charismatischer wirken sie.

Persönlichkeit und Macht als Basis der transformationalen Führung

3

Charisma als zentrales Kernelement der transformationalen Führung ist weder ausschließlich angeboren, noch kann es alleine erlernt werden. Neben der Situation entfaltet Charisma die optimale Wirkung aus einer Mischung von (stabilen) Persönlichkeitsmerkmalen und jenen Strategien, welche eine Person in der Interaktion mit ihrer Umwelt erlernt. Demnach kann es bis zu einem gewissen Grad (z. B. Anwendung visionärer und inspirierender rhetorischer Mittel) erlernt werden.

3.1 Einflüsse der Persönlichkeit

Die „helle" Persönlichkeit. Die jahrzehntelange Persönlichkeitsforschung im Feld der transformationalen Führung zeigt, dass charismatische Führungspersönlichkeiten sowohl eine aktive und dynamische Persönlichkeit haben als auch herzliche Aspekte integrieren können. Die aktiv dynamische Persönlichkeit äußert sich zunächst im extravertierten (nach außen gerichteten) Verhalten der Führungskraft. Extravertierte haben gegenüber anderen Menschen eine positive Grundhaltung. Sie gehen sehr gerne auf andere Menschen zu, sind gesprächig und gesellig. Extravertierte sind entschlusskräftig, begeisterungsfähig, leidenschaftlich und können ein sehr entschlossenes und dominantes Auftreten zeigen. Der zweite Aspekt einer aktiven und dynamischen Persönlichkeit äußert sich in deren Offenheit. Personen, welche offen für neue Erfahrungen sind, agieren unkonventioneller und kreativer. Sie sind offener für neue Ideen und Ansätze. Die aktive und dynamische Seite der Persönlichkeit (Extraversion, Offenheit für neue Erfahrungen) kann die charismatische Wirkung erhöhen. Hinzu kommt eine dritte Persönlichkeitsdimension, welche insbesondere im Führungskontext lange unterschätzt wurde, die Verträglichkeit. Verträgliche Personen sind herzlich, mitfühlend und

© Springer Fachmedien Wiesbaden 2016
M. Furtner, *Effektivität der transformationalen Führung,* essentials,
DOI 10.1007/978-3-658-15321-2_3

verständnisvoll. Sie zeigen vermehrt eine höhere Hilfsbereitschaft. Diese Dimension widerspricht dem klassischen Bild einer Führungsperson, welche nur dann als „mächtig" wahrgenommen wird, wenn sie nicht zu „nett" und liebenswürdig ist. Verträglichkeit für sich alleine genommen ist eine Persönlichkeitsdimension, welche der Führungseffektivität eher schadet als nützt. In der Kombination mit Extraversion und Offenheit für neue Erfahrungen liegt eine optimale Mischung zwischen Dominanz und Herzlichkeit vor. Dadurch kann sich die charismatische Wirkung einer transformationalen Führungskraft entfalten.

Die „dunkle" Persönlichkeit. Bezogen auf die beiden dunklen Persönlichkeitseigenschaften Narzissmus und Machiavellismus zeigt sich, dass insbesondere Narzissten als charismatisch wahrgenommen werden. Narzissten nehmen sich selbst als groß und stark wahr. Diese Größe und Einzigartigkeit muss jedoch von anderen Personen *anerkannt* und *bewundert* werden. Dadurch entwickeln Narzissten unterschiedliche Strategien, wie sie die gewünschte Aufmerksamkeit bekommen und im Mittelpunkt stehen können. Narzissten sind egozentrisch und damit stark auf sich selbst fokussiert. Sie sind häufig extravertiert, dominant, treten autoritär auf und werden als charismatisch wahrgenommen. Back und Kollegen (2013) beschreiben mit der narzisstischen *Bewunderung* eine positive Strategie von Narzissten, welche sie als charismatisch erscheinen lässt: Die narzisstische Bewunderung besteht aus dem *Streben nach Einzigartigkeit* („Ich bin etwas Besonderes"), *grandiosen Fantasien* („Ich bin der Größte", „Ich bin ein Gott") und einem *charmanten* (liebenswürdiges und bezauberndes) *Auftreten*. Durch diese Kombination können Narzissten ihr Charisma ungemein steigern.

3.2 Einflüsse des Machtmotivs

Unter den drei zentralen menschlichen Motiven (Bedürfnis nach Macht, Leistung und sozialem Anschluss) zeigt wenig überraschend das Machmotiv die stärksten Verbindungen zum Charisma. Zentrales Machtbedürfnis eines Menschen ist es, sich *stark zu fühlen* und *Kontrolle* über andere Menschen zu haben. Charisma ist ein Mittel, um die innigsten Sehnsüchte von machtmotivierten Personen zu befriedigen, den Bedürfnissen nach Kontrolle, Status, Prestige und sozialer Anerkennung.

Das „helle" Machtmotiv. Kann das Machtmotiv bis zu einem gewissen Grad kontrolliert und gehemmt werden, dann beherrscht eine Person ihre egoistischen Impulse. Hier wird von einer sozialisierten (kontrollierten) Form der Machtmotivation gesprochen. Die „helle" Form der Machtmotivation ist selbst kontrolliert. Die eigene Macht und Stärke dient nicht dem egoistischen Selbstzweck. Sie wird für höhere soziale Ideale und Ziele verwendet. Der Fokus liegt auf der Gruppe oder der sozialen Gemeinschaft. Andere Menschen sollen von der eigenen Macht und Stärke profitieren. Am Beispiel eines „sozialen" Unternehmers und einer ärztlichen Entwicklungshelferin kann das sozialisierte Machtmotiv verdeutlicht werden.

Beispiele des sozialisierten Machtmotivs

Der „soziale" Unternehmer nutzt seine eigene Macht und Stärke dafür, dass es den Mitarbeitern besser geht (z. B. flexiblere Arbeitszeiten, sicherer Arbeitsplatz, überdurchschnittliche Sozialleistungen). Eine Ärztin, welche als Entwicklungshelferin in Afrika tätig ist, nutzt ihre Stärke dazu, um hilfsbedürftigen Menschen zu helfen. Als „Göttin" im Dorf erntet sie die entsprechende Dankbarkeit und Anerkennung. Die jeweilige Ausprägung des sozialen Machtmotivs, welches in seiner höchsten Entwicklung in die absolute Selbstlosigkeit übergehen würde, kann relativ einfach mit einer Frage beantwortet werden: Inwiefern würden der soziale Unternehmer und die humanitäre Ärztin ein sozialisiertes Machtmotiv zeigen, wenn sie für ihre guten Taten absolut keinen Dank und keine Anerkennung erhalten würden? Tatsächlich würden in diesem Fall nur wenige Personen ein sozialisiertes Machtmotiv zeigen. Demnach wird ersichtlich, dass auf der Ebene des sozialisierten Machtmotivs eine feinere und unbewusstere Form des Egoismus tätig ist, welcher zwar nicht mehr so stark ausgeprägt ist, aber sich immer noch nach Dank und Anerkennung sehnt.

Das „dunkle" Machtmotiv. In unkontrollierter Form der Machtmotivation möchte eine Person Macht, Status und Prestige um jeden Preis und ohne Rücksicht auf Verluste erreichen. Dies bedeutet, dass jedes Machthandeln dem rein egoistischen Selbstzweck dient. Bei den selbstverliebten Narzissten stehen alleine die persönlichen und egozentrischen Ziele im Vordergrund. Der täuschende und trickreiche Machiavellist lügt und betrügt sogar, um das zu bekommen was er will (Macht, Status und Prestige). Im Vergleich zu Machiavellisten verfügen Narzissten über ein höheres Bedürfnis nach sozialer Anerkennung und Bewunderung. Demnach ist es nicht verwunderlich, dass Narzissten stärker charismatische Strategien einsetzen als Machiavellisten. Narzissten lieben es, zu führen und andere Menschen zu beeinflussen. Sie stehen gerne im strahlenden Mittelpunkt und ein wichtiges Mittel hierfür ist die Nutzung des persönlichen Charismas. Sogar aus weiterer Entfernung kann ein Narzisst relativ einfach erkannt werden. Bei Machiavellisten ist dies umgekehrt. Kluge Strategen und Taktiker bleiben im unsichtbaren Hintergrund verborgen. Sie sind aalglatt, kaum greifbar und äußerst wandlungsfähig.

Sie agieren fokussiert, um ihre langfristigen Ziele zu erreichen. Machiavellisten verfügen nicht über die Strahlkraft eines Narzissten. Ihr Verhalten ist berechnend und kontrolliert. Die tatsächlichen Ziele sollten von anderen nicht bemerkt werden. Zusammengefasst verfügen sowohl Narzissten als auch Machiavellisten über eine egoistische („dunkle") Form des Machtmotivs. Dennoch nutzen nur Narzissten die bezaubernden rhetorischen Beeinflussungsmittel, welche sie als charismatisch erscheinen lassen.

3.3   Machtentwicklungsstufen

Alle Menschen streben in unterschiedlicher Stärke nach Macht. Macht entwickelt sich. Insgesamt existieren vier Entwicklungsstadien der Machtorientierung (McClelland 1975). Je höher die Reifestufe, desto mächtiger wird eine Person. Die Machtentwicklungsstadien geben einen Erklärungsansatz, welche Menschen sich besonders zu charismatischen Personen hingezogen fühlen und umgekehrt, welche Personen als besonders charismatisch wahrgenommen werden. Nach einem Schlüssel-Schloss-Prinzip ziehen charismatische Führungskräfte besonders jene Menschen in ihren Bann, welche sich selbst noch in einem geringen Entwicklungsstadium der Machtorientierung befinden. Es sind die typischen Anhänger, loyalen Gefolgsleute und Fans. Jugendliche, welche einem bestimmten Idol (z. B. Sängern, Schauspielern) nacheifern, versuchen ihr geliebtes Vorbild sowohl in der Sprache, im Aussehen, in der Kleidung und ihm Verhalten nachzuahmen. Das Ziel ist eine absolute Identifikation. Jugendliche wollen genauso sein wie ihr großes Vorbild. Fühlen sie sich ident mit ihrem großen Idol, dann empfinden sie eine bestimmte Form von Macht und Stärke. Ähnlich ist es bei Anhängern von politischen Parteien oder religiösen Gemeinschaften. Selbst verfügen sie über keine Macht. Die Macht liegt außerhalb von ihnen. Durch ihre Verbundenheit mit einer charismatischen Person oder einer mächtigen Organisation verspüren sie selbst Macht und Stärke.

Auf einer höheren Entwicklungsstufe (Machtstadium II) rühmt sich eine machtmotivierte Person mit bestimmten (wertvollen) Objekten, welche sie besitzt. Dies können teure Uhren, Autos, kostspieliger Schmuck oder seltene Kunstwerke sein. Nach dem Motto: „Schaut her und seht wie mächtig ich bin, weil ich diese und jene Dinge besitze" liegt im zweiten Entwicklungsstadium der materielle Besitz im Fokus von machtmotivierten Personen. „Teure" und „seltene" Objekte können sich auch auf Menschen beziehen. Beispielsweise „schmückt" sich ein wohlhabender und reiferer Herr mit einer jungen und hübschen Dame. Er demonstriert hierbei seine Macht: Seht her, welch junge hübsche Frau in meinem „Besitz" ist. Umgekehrt profitiert die junge Dame von seiner Macht. Sie hat wiederum Zugang zu seinen einflussreichen Kreisen und kann sich mit materiellem Reichtum schmücken.

Ab dem dritten Machtstadium geschieht ein Quantensprung in der Machtentwicklung (Machtstadium IIIa). Eine Person erkennt, dass sie sich selbst zu einem mächtigen Stern entwickeln kann. Das heißt, sie kann ein strahlendes Vorbild und Idol für andere Menschen sein. Dadurch verfügt sie über noch mehr Macht als in den beiden vorhergehenden Stufen. Inwiefern äußert sich dieser Entwicklungsschritt? Zunächst in der Entwicklung eines starken Egos. Es existieren zwei grundverschiedene Typen in der egoistischen Machtentwicklungsstufe: Narzissten und Machiavellisten. Bei Bedarf lügen, täuschen und betrügen Machiavellisten, um das zu bekommen, was sie wirklich wollen. Machiavellisten fehlt zumeist die Strahlkraft einer narzisstischen Persönlichkeit. Charismatische Narzissten zielen besonders auf jene Personen ab, welche sich in einer niedrigen Machtentwicklungsstufe (Machtstadium I) befinden. Diese sind besonders leicht beeinflussbar. Es sind die treuen und loyalen Gefolgsleute, nach denen sich die narzisstische Führungskraft so sehr sehnt. Das stärkste Bedürfnis einer narzisstischen Persönlichkeit liegt darin, dass sie die uneingeschränkte Anerkennung von anderen Menschen erhält. Wie ein Gott möchte sie verehrt und bewundert werden. Narzissten sehnen sich nach Aufmerksamkeit und Wertschätzung. Eine narzisstische Führungskraft verträgt jedoch so gut wie keine Kritik. Dies wäre ein direkter Angriff auf das narzisstische Selbst. Wie bei einem Ballon blasen Narzissten ihr Ego unendlich auf. Schon ein kleiner Nadelstich würde den Ballon zum Platzen bringen. Deshalb sind Narzissten prinzipiell nicht kritikfähig.

An der Spitze der egoistischen Machtausübung erkennt eine narzisstische Führungskraft ihre zunehmend polarisierende Wirkung. Sie befindet sich an einem kraftaufwendigen Reibepunkt zwischen loyalen und treuen Anhängern („Dienern") sowie ungeliebten „Feinden". Je stärker eine Person nur auf ihr eigenes Wohl achtet, desto mehr zeigt die soziale Gemeinschaft Widerstände ihr gegenüber. Erkennt eine narzisstische Führungskraft, dass sie an immer stärkere Pole stößt und sich ihre Machtwirkung nicht mehr ausweitet, dann kann ein weiterer Meilenstein in der Machtentwicklung erlernt werden: „Ich kann meine Macht erweitern, wenn ich sie für die Gemeinschaft nutzbar mache, wenn andere Menschen von meinem Wissen, meiner Größe und Stärke profitieren". Wie äußert sich dieser Entwicklungsschritt zum sozialisierten Machtmotiv? Eine mächtige Person beginnt sich zunehmend für die soziale Gemeinschaft einzusetzen (Machtstadium IIIb). Hierfür bekommt sie eine entsprechende Wertschätzung. Die ärztliche

Entwicklungshelferin würde sowohl in Afrika als auch in ihrer Heimat höchsten Dank und Anerkennung dafür bekommen, wenn sie mittels ihres Wissens und ihrer Macht armen Kindern im Dorf das Leben retten würde. Prominente Persönlichkeiten versammeln sich auf Wohltätigkeitsveranstaltungen und spenden, manche unter ihnen setzen sich sogar aktiv für das Heil von ärmeren und bedürftigen Menschen ein. Neben Einzelpersonen setzen sich auch sozial-verantwortliche Organisationen und Unternehmen für das Wohl und die Bedürfnisse einer Gesellschaft ein. Mittels des sozialen Machtmotivs verfügen Menschen generell über mehr Macht, Bewunderung und gesellschaftliche Anerkennung. Ob eine Person tatsächlich bereits über ein hohes sozialisiertes Machtmotiv verfügt oder das sozialisierte Machtmotiv zwecks einer höheren Macht und Anerkennung von einer egozentrischen Person nur „vorgetäuscht" oder „gespielt" ist, kann für außenstehende Beobachter nicht sofort beantwortet werden. Ein entscheidender Gradmesser wird jedoch sein, wie „echt" (authentisch) eine Person wirkt.

Auf der höchsten Machtentwicklungsebene (Stufe IV) agiert eine Person äußerst selbstlos. Das selbstverliebte Ego hat sich aufgelöst. Überraschend ist hierbei: Gibt eine Person ihr Ego vollkommen auf, dann hat sie die höchste Machtwirkung auf andere Menschen. Die menschliche Natur hat ihre Begrenzungen. Eine Person auf der höchsten Machtentwicklungsstufe befindet sich zwar nicht auf einer göttlichen Ebene, steht jedoch mit einer „übermenschlichen" Kraft in Verbindung (z. B. Gott, kosmische Energie). Sie wird von einer höheren Ebene aus „inspiriert". Inspiration bedeutet Eingebung (von einer göttlichen Macht). Eine Person in Machtentwicklungsstufe IV nimmt sozusagen eine menschliche Sonderstellung ein. Sie steht mit einer göttlichen Macht in Verbindung und „vermittelt" zwischen der höchsten Kraft und den Menschen. Religionsgründer und Propheten gelten als typische Beispiele für Machtentwicklungsstufe IV. Ihre Macht ist so überwältigend, dass Millionen von Menschen für sie sterben würden. Wie beim sozialisierten Machtmotiv besteht auch hier die Gefahr, dass eine Person im Hintergrund möglicherweise immer noch egoistische Ziele verfolgt. Hier muss wieder darauf geachtet werden, wie authentisch eine Person ist. Es soll nicht Wasser gepredigt und Wein getrunken werden.

3.4   Die zwei Seiten des Charismas

Helle und dunkle Seite des Charismas. Eine besondere Ausstrahlung wirkt, unabhängig davon, ob die transformationale und charismatische Führungskraft helle oder dunkle Motive verfolgt. Das heißt, es können sowohl Führungskräfte mit egoistischen (dunklen) Motiven als auch mit relativ selbstlosen und sozial-verträglichen (hellen) Motiven eine charismatische Wirkung haben. Die populärsten Vertreter der charismatischen Führungsforschung mussten sich dieser Problematik stellen: In seiner charismatischen Führungstheorie beschreibt Conger (1990) eine dunkle Facette der charismatischen Führung: Eine Seite, welche insbesondere mit Narzissmus und demnach mit dem personalisierten (egoistischen) Machtmotiv in Verbindung gebracht werden kann. Die dunkle Seite einer charismatischen Führungskraft kann ihre außergewöhnlichen rhetorischen Fähigkeiten dazu einsetzen, um andere Menschen für ihre egoistischen Selbstzwecke zu beeinflussen. Im Vordergrund steht eine stark narzisstisch-geprägte Selbstdarstellung. Bass (1990) reagierte ebenfalls auf die Klärung seines Ansatzes zur transformationalen Führung. Er bezeichnet die egoistische Form der transformationalen Führung als pseudo-transformational (= dunkle Seite des Charismas). Dies bedeutet, dass die charismatische Führungskraft nicht von höheren (sozialen) Idealen und Werten getrieben ist, sondern ihre Wirkung für rein egoistische Zwecke einsetzt. Sowohl Conger (1990) als auch Bass (1990) betonen, dass ihre Ansätze zur charismatischen und transformationalen Führung der „hellen" Seite zuzuschreiben sind. Die ethisch-moralische Ausrichtung der Führungskraft nimmt hier einen besonderen Stellenwert ein. Das Charisma der Führungskraft wird weniger zum Selbstzweck, sondern mehr zum Wohle und Nutzen der Gemeinschaft eingesetzt.

Steve Jobs: Eine narzisstisch-charismatische Führungskraft

In der weltweiten Literatur wird für eine erfolgreiche narzisstische und zugleich charismatische Führungskraft immer wieder ein Name genannt: Steve Jobs. Als Mitbegründer und CEO von Apple war er für seine besonderen rhetorischen Fähigkeiten (z. B. Erzählkunst) bekannt (Sharma und Grant 2011). Als Visionär und Macher lieferte er einerseits den unzweifelhaften Beweis, was charismatische Führungspersönlichkeiten alles bewirken können: Die Erfolgsgeschichte von Apple kann besonders auf Steve Jobs zurückgeführt werden. An seinem Beispiel zeigt sich jedoch auch, dass narzisstische und zugleich charismatische Führungskräfte ihre „Schattenseiten" haben können. Nach einem monatelangen Machtkampf mit dem damaligen CEO John Sculley verabschiedete sich Jobs 1985 von Apple. Vorausgegangen war eine starke interne Rivalität zwischen den Angestellten der Macintosh- (Jobs Vorzugsprojekt) und Apple II-Divisionen. Impulsives Verhalten und Rivalität ist eines der Schlüsselmerkmale von Narzissmus. Eine weitere Schlüsselkomponente ist der Größenwahn. Nachdem Gil Amelio 1996 neuer CEO von Apple wurde, stattete ihm Steve Jobs einen Besuch ab und ließ unmissverständlich folgende Botschaft verkünden: „Es könne nur eine Person geben, welche Apple führen und das Unternehmen neu ausrichten kann". Schließlich kehrte Jobs 1997 zu Apple zurück und führte es bis zu seinem Tod im Jahr 2011 zu einem der bislang erfolgreichsten Unternehmen. Die narzisstische Komponente wurde von seiner damaligen Freundin und großen Liebe Tina Redse folgendermaßen beschrieben: Aus ihrer Sicht war Jobs eine sehr selbst zentrierte (egoistische) Person, welche an einer narzisstischen Persönlichkeitsstörung litt. Durch seine impulsive Art galt er oft als unberechenbar und zeigte launische und wechselhafte Verhaltensweisen. Beispielsweise konnte Jobs Ideen seiner Mitarbeiter, welche er zunächst als nutzlos betrachtete, Tage später als seine eigenen verkaufen (Isaacson 2011; Shah und Mulla 2013).

Transformationale Führung: Dimensionen   4

Die transformationale Führung hat die Führungsforschung der vergangenen 30 Jahre nicht nur zentral geprägt, sondern auch revolutioniert. Kein Konzept hat mehr Aufmerksamkeit erfahren. Doch woher rührt die Faszination für die transformationale Führung? Ein möglicher Erklärungsansatz hierfür könnte sein, dass Charisma als zentrales Schlüsselkonzept der transformationalen Führung die Menschheit seit jeher fasziniert hat. Ein weiterer Grund liegt mit Sicherheit darin, dass die transformationale Führung eine „idealtypische" und sehr mächtige Form von Führung darstellt. Die transformationale Führung integriert die tugendhaften Idealvorstellungen vergangener Helden und gläubiger Märtyrer, welche für ihre hohen Ideale und Wertvorstellungen sogar bereit waren, zu sterben. Dies könnten mögliche Erklärungsansätze für die ungebrochene Popularität der transformationalen Führung darstellen. Hinzu kommen globale Veränderungen, Unsicherheiten und Herausforderungen in politischer, wirtschaftlicher und sozialer Hinsicht, welche förderlich auf das Interesse für die transformationale Führung einwirken. Die stark visionsgetriebene Facette der transformationalen Führung zeigt ihre herausragende Wirkung insbesondere in unsicheren und instabilen Umwelten. Zusammengefasst liegen die Stärken der transformationalen Führung besonders darin, dass sie sich auf visionäre, charismatische und emotionale Beeinflussungselemente der Führungskraft fokussiert.

Als Begriff wurde die transformationale Führung erstmals Ende der 1970er Jahre von Burns (1978) eingeführt und zugleich von der transaktionalen Führung abgegrenzt. Im Rahmen der politischen Führung beobachtete Burns, dass Politiker sehr häufig transaktional agieren. Nach dem Motto „Eine Hand wäscht die andere" wurden im Wahlkampf Versprechen gegeben (z. B. Steuersenkung, Bekämpfung der Arbeitslosigkeit), welche im Gegenzug viele Wählerstimmen anlocken sollten. Dadurch findet ein Austausch, oder einfach gesagt ein „Deal"

© Springer Fachmedien Wiesbaden 2016

M. Furtner, *Effektivität der transformationalen Führung*, essentials,

DOI 10.1007/978-3-658-15321-2_4

statt. In der Sichtweise der transaktionalen Führung sind die Menschen Händler („Gib, so wird Dir gegeben"). Die transaktionale Führung steht in enger Verbindung mit Konzepten wie „Führung durch Zielvereinbarung". Eine Führungskraft bestimmt gemeinsam mit ihren Mitarbeitenden Ziele, welche innerhalb eines festgesetzten Zeitraums erreicht werden sollen. Mit der erfolgreichen Zielerreichung werden bestimmte Anreize gesetzt (z. B. Aussicht auf eine Gehaltserhöhung). Im Gegensatz dazu erbringen die Mitarbeitenden eine entsprechende Arbeitsleistung, um die Ziele zu erreichen. Werden diese schließlich erreicht, so erwarten die Mitarbeitenden die versprochene Belohnung. Die transaktionale Führung agiert mehr auf einer logisch-rationalen Ebene und die transformationale Führung auf einer viel mächtigeren emotionalen Beeinflussungsebene. Im Vergleich zur transformationalen Führung ist für Burns die transaktionale Führung relativ einfach zu erlernen. Dennoch darf ihre Wirksamkeit in Kombination mit der transformationalen Führung nicht unterschätzt werden.

Auf Basis der Beschreibungen von Burns entwickelte Bass (1985) das Full Range Leadership-Modell, welches zum gegenwärtig bedeutsamsten und einflussreichsten Führungsmodell zählt. Nach dem Full Range Leadership-Modell von Bass und Avolio (1995) lassen sich die transformationale, die transaktionale und die Laissez-faire-Führung auf einem zweidimensionalen Kontinuum (aktiv – passiv, effektiv – ineffektiv) abbilden. Die transformationale Führung stellt hierbei die aktivste und effektivste und die Laissez-faire-Führung die inaktivste und ineffektivste Form von Führung dar. Laissez-faire-Führung bedeutet hierbei, dass die Führungskräfte grundsätzlich nicht führen wollen oder können. Demnach findet bei der Laissez-faire Führung keine zielorientierte Fremdbeeinflussung und Motivation der Mitarbeitenden statt. Die transaktionale Führung ist weder besonders aktiv noch besonders passiv. Nach dem Full Range Leadership-Modell handelt es sich bei der transformationalen Führung um eine sehr aktive und dynamische Form von Führung (Abb. 4.1).

Die transformationale Führung setzt sich aus den vier „I-Dimensionen" zusammen (beginnend mit der aktivsten und effektivsten Teildimension):

1. Idealisierter Einfluss
2. Inspirierende Motivation
3. Intellektuelle Stimulierung
4. Individuelle Berücksichtigung

Die beiden aktivsten und effektivsten Dimensionen (idealisierter Einfluss und inspirierende Motivation) haben einen zentralen Einfluss auf die charismatische Wirkung einer Person. Nicht überraschend hat Bass (1985) ursprünglich diese beiden

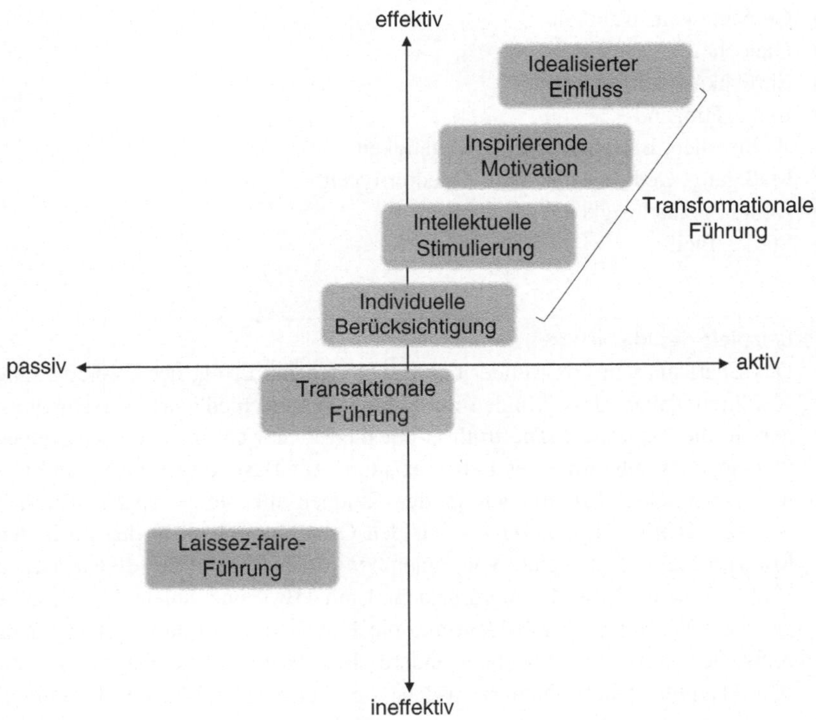

Abb. 4.1 Full Range Leadership Modell

Dimensionen als „Charisma" bezeichnet. Für Lowe et al. (1996) ist „Charisma" jene Dimension (unter allen Dimensionen des Full-Range-Leadership-Modells), welche die stärksten Beziehungen zur Führungseffektivität aufweist.

4.1   Idealisierter Einfluss

Auf der höchsten Ebene beeinflussen transformationale Führungskräfte mittels Idealen. Eine transformationale Führungskraft muss sich ihrer Ideale bewusst sein, bevor sie große Visionen formuliert. Ist sie sich ihrer Ideale, Überzeugungen und Wertvorstellungen bewusst, dann kann sie diese entsprechend kommunizieren. Das wohl höchste Ideal, für welches Menschen zu sterben bereit wären, ist die *Freiheit* und *Unabhängigkeit*. Ideale stehen sehr eng mit verschiedenen *Tugenden* in Verbindung:

- Gerechtigkeit, Wahrheit
- Gleichheit
- Ehrlichkeit, Aufrichtigkeit
- Liebe, Hingabe
- Wohlwollen, Barmherzigkeit, Mildtätigkeit
- Mäßigung, Geduld, Gleichmut, Friedfertigkeit
- Demut, Selbstlosigkeit
- Stärke, Fleiß

Beispiele des idealisierten Einflusses

Das Charisma von Fox Mulder und der allgemeine Erfolg der TV-Serie Akte X rühren daher, dass Mulder im Rahmen unterschiedlicher Verschwörungen an die *Wahrheit* („The truth is out there"; „I want to believe") glauben möchte, dass außerirdisches Leben existiert. Auf Basis dieses Ideals und seiner persönlichen Erfahrungen in der Kindheit möchte er dieser Wahrheit – trotz mächtiger *Widerstände* – auf den Grund zu gehen. In der verfilmten Romantrilogie „Die Tribute von Panem" wird das Volk in der diktatorischen Nation Panem klassisch unterdrückt und mit „Brot und Spielen" bei Laune gehalten. Während der Präsident und die Bewohner der Hauptstadt in Luxus schwelgen, leben die Bewohner anderer Bezirke in Armut. Die charismatische Hauptdarstellerin Katniss, welche sich zur Symbolfigur des *Widerstandes* gegen die präsidiale Diktatur entwickelt, ist getrieben von den Idealen der *Freiheit, Gleichheit* und *Gerechtigkeit*. Dies sind Ideale, welche auch für Gandhi einen zentralen Antrieb darstellten. Die treibenden Ideale werden an die Bedürfnisse der Zielgruppe (z. B. Hoffnung/Sehnsucht nach Freiheit) gekoppelt. Auch sogenannte „dunkle" oder „böse" Ideale können ihre charismatische Wirkung entfalten. Beispielsweise nimmt in der „Church of Satan" als satanischer Grundsatz die Fokussierung auf das Ideal der *Genuss-* und *Sinnesfreude* (Hedonismus) eine wichtige Rolle ein. Gleichheit könnte auf spezifische Gruppierungen (z. B. religiöse oder kulturelle) uminterpretiert und die entsprechenden Unterschiede betont werden.

Kommuniziert eine Führungskraft ihre wichtigsten Ideale, Wertvorstellungen und Überzeugungen, dann agiert sie nicht nur als positives Rollenmodell und Vorbild. Die Führungskraft ist ein Idol für ihre Geführten und Anhänger. Je stärker sich die treuen und loyalen Anhänger mit ihrem Idol *identifizieren,* desto charismatischer wirkt sie. Die Führungskraft hat es geschafft, ihre Ideale, Überzeugungen und Wertvorstellungen richtig zu kommunizieren. Wichtig ist hierbei, dass die

Führungskraft als echt und glaubwürdig *(authentisch)* wahrgenommen wird. Authentisch bedeutet, dass *Gedanken, Worte* und *Taten* übereinstimmen. Nur dadurch findet eine vollständige Identifikation mit den Werten und Verhaltensweisen der Führungskraft statt. Dadurch werden die Handlungen der Geführten positiv beeinflusst (Zhu et al. 2011).

4.2 Inspirierende Motivation

Gemeinsam mit dem idealisierten Einfluss stellt die inspirierende Motivation den Kern der charismatischen Beeinflussung dar. Mittels ihres Charismas beeinflusst die transformationale Führungskraft ihre Geführten auf einer emotionalen Ebene. Auf Basis ihrer hohen Ideale und Werte formuliert sie eine einfach verständliche und anschauliche *Vision.* Sie malt ein positives, hoffnungsvolles und entzückendes Bild der Zukunft. Die Vision selbst enthält zumeist ein sehr hoch gestecktes Ziel, welches auf den ersten Blick für die Geführten sogar unerreichbar wirken kann. Auf Basis der „Wir-Sprache" kommuniziert die Führungskraft den Geführten, dass dieses außergewöhnliche Ziel nur gemeinsam verwirklicht werden kann. Neben der Zukunft berücksichtigt sie in ihrer visionären Rede die Gegenwart und die Vergangenheit. Die Gegenwart stellt hierbei meistens einen sehr unbefriedigenden Zustand dar. Die Zukunft schimmert in einem hoffnungsvollen Glanz. Aus der Vergangenheit heraus wird das Wir- und Gemeinschaftsgefühl gestärkt. Beispielsweise erzählt die Führungskraft Geschichten über große, vergangene Taten der Vorfahren und Urväter. Die Vergangenheit bezieht sich auf die Tradition, die Kultur und die gemeinsame Geschichte. In dieser Geschichte vermittelt sie Zuversicht und Stolz, dass scheinbar unerreichbare Ziele erreicht und große Werke erschaffen werden können. Die Führungskraft stärkt damit unmittelbar den *Glauben* in den Geführten, dass gemeinsam „Berge versetzt werden können". Unglaubliche Kräfte können dadurch freigesetzt werden. Die Geführten vertrauen ihrer Führungskraft blind und würden mit ihr durch „dick und dünn" gehen. Durch die erfolgreiche Vermittlung der Vision fühlen sich die Geführten inspiriert. Inspirierte Geführte weisen eine hohe Begeisterung auf und fühlen sich ihrer Führungskraft absolut verpflichtet. Sie zeigen eine höhere Anstrengungsbereitschaft und außergewöhnliche Mehrleistungen. Inspirierte Geführte wirken wie „verzaubert". Sie wachsen über sich selbst hinaus und erbringen außergewöhnliche Leistungen.

Die glanzvolle zukünftige Botschaft wird mit einer farbenfrohen Rhetorik vermittelt. Die Mixtur besteht aus einer *einfachen* und *bildhaften Sprache,* welche mit Metaphern bestückt ist. Metaphern sprechen viel stärker das Vorstellungsvermögen an (z. B.: „den Teppich unter den Füßen wegziehen"; „eine rosarote Brille tragen"). Eine offene, *leidenschaftliche* und *herzliche Rede* berührt die Emotionen der Menschen (z. B.: Martin Luther King: „I have a dream"). Mittels *Humor* kann die transformationale Führungskraft eine positive Grundstimmung erzeugen. Möglicherweise verwendet sie eine ganz eigene Sprache (z. B. bestimmte Wörter), welche von den Geführten übernommen werden. Die transformationale Führungskraft erzählt *Legenden* und *Mythen* über vergangene Helden. Damit stärkt sie sowohl das Selbstbewusstsein als auch das „Wir-Gefühl". Ferner setzt sie *Zeremonien, Rituale* und *Feiern* bewusst dazu ein, die Umsetzung der Vision zu wiederholen und zu stärken. Während eines feierlichen Aktes werden beispielsweise die Leistungen von ganz bestimmten Personen gewürdigt oder es setzt sich das Ritual durch, dass sich alle Personen in der Früh treffen und gemeinsam Kaffee oder Tee trinken. Feiern dienen als emotionales Ventil. Die Geführten können Druck ablassen und befinden sich in einer entspannten Umgebung. Dadurch entwickelt sich eine positive Grundstimmung: Die Geführten können sich für neue Botschaften öffnen. Deshalb ist es entscheidend, dass die transformationale Führungskraft während einer Feier eine leidenschaftliche Rede hält und ihre plastische Vision wiederholt. Transformationale Führungskräfte sind Händler der Hoffnung und der Furcht. Aus einer möglicherweise ausweglosen Situation symbolisieren sie die „Retter in der Not". Sie vermitteln neue Kraft und Hoffnung für eine glorreiche oder bessere Zukunft. Neben der *Hoffnung* nutzen geschickte Redner die zweite menschliche Antriebstendenz, die *Furcht*. Die Furcht kann sich entweder auf die Vergangenheit (z. B. angstbesetzte Erinnerungen), die Gegenwart oder die Zukunft beziehen. Die Botschaft ist immer dieselbe: „Folgt mir, dann besteht Hoffnung, ohne mich steuert Ihr auf den Abgrund zu". Menschen handeln aus Gründen der Hoffnung oder der Furcht. Eine Kombination aus den beiden Antriebstendenzen Hoffnung und Furcht zeigt die stärksten Wirkungen. Beispielsweise motiviert eine religiöse Organisation mit der Hoffnung auf ewiges Leben (Paradies) oder mit der Furcht auf ewige Verdammnis (Hölle).

4.3   Intellektuelle Stimulierung

Der idealisierte Einfluss und die inspirierende Motivation beziehen sich sehr stark auf die emotionale (charismatische) Beeinflussungsebene einer transformationalen Führungskraft. Die intellektuelle Stimulierung aktiviert stärker die verstandesmäßige Ebene der Geführten. Die Vernunft, der Intellekt und die Kreativität der

Geführten sollen angeregt werden. Die Geführten werden ermuntert, Probleme von einer anderen Perspektive aus zu sehen. Sie sollen über ihre gewöhnlichen Überzeugungen und Sichtweisen nachdenken sowie neue und bessere Lösungsansätze entwickeln. Einerseits wird das kritische Denken der Geführten angeregt und andererseits sollen sie auch *bewusst* Fehler machen dürfen. Um die alteingesessenen Gedankenmuster der Geführten aufzubrechen, kann die Führungskraft die Rolle des Advocatus Diaboli („Anwalt des Teufels") einnehmen. Durch die bewusst eingesetzten Provokationen der transformationalen Führungskraft werden die Geführten zu einem neuen und produktiveren Denken angeregt. Dadurch können die Geführten ihren Blickwinkel ändern und Gruppendenken kann entgegen gewirkt werden. Die Führungskraft soll auch direkt Dinge ansprechen, welche bislang nicht erwähnt wurden. Zusammengefasst bricht die transformationale Führungskraft die gewöhnlichen Denkmuster der Geführten auf und regt neue und möglicherweise auch unübliche Lösungswege an.

4.4 Individuelle Berücksichtigung

Mittels der individuellen Berücksichtigung agiert die transformationale Führungskraft in der Rolle eines *Coaches*. Eines der Ziele der transformationalen Führung liegt darin, die Geführten zu entwickeln und zu verändern. Der idealisierte Einfluss, die inspirierende Motivation und die individuelle Berücksichtigung haben gemeinsam, dass sie die Transformation auf einer emotionalen Beeinflussungsebene bewirken. Mittels der intellektuellen Stimulierung versucht die transformationale Führungskraft, die Geführten auch auf einer vernunftmäßigen Ebene zu verändern. Die individuelle Berücksichtigung entspricht einer sehr „weichen" Ebene der emotionalen Beeinflussung. Zwischen Führungskraft und Geführten wird eine Vertrauensbeziehung aufgebaut und die Führungskraft ist zugleich Trainer, Coach, Lehrer und Zuhörer. Kann die transformationale Führungskraft individuell auf eine Person (mit all ihren Stärken, Schwächen, Wünschen und Bedürfnissen) eingehen, dann wird mit höherer Wahrscheinlichkeit eine tatsächliche Veränderung eintreten. Insbesondere können die individuellen Stärken optimaler für das höhere Ziel (die Vision) genutzt werden. Die Führungskraft lernt die Geführten besser kennen und kann sie spezifisch auf Basis ihrer persönlichen Bedürfnisse motivieren.

Im Rahmen der individuellen Berücksichtigung ist es entscheidend, dass die Führungskraft über ein bestimmtes Ausmaß an Empathie und emotionaler Intelligenz verfügt. Ein achtsames Verhalten ist förderlich, um auf die individuellen Bedürfnisse, Fähigkeiten und Sehnsüchte genauer eingehen zu können.

Transformationale Führung: Effektivität 5

Über die vergangenen Jahrzehnte konnten in einer Vielzahl von Studien die positiven Auswirkungen der transformationalen Führung nachgewiesen werden. Im Vergleich zur transaktionalen Führung und zur Laissez-faire-Führung zeigt die transformationale Führung insgesamt positivere Auswirkungen (siehe Furtner und Baldegger 2016). Die transformationale Führung erhöht:

- die individuelle Leistung, die Gruppenleistung und die Gesamtleistung der Organisation
- die Arbeitszufriedenheit und Arbeitsmotivation der Geführten
- die Effektivität der Geführten
- die freiwilligen Mehrleistungen der Geführten
- die Unterstützung der Arbeitskollegen
- die Kreativität und Innovationsfähigkeit der Geführten
- die organisationale Innovation und das organisationale Lernen
- die Selbstwirksamkeit (den Glauben an die eigenen Fähigkeiten) der Geführten
- das emotionale Vertrauen der Geführten
- das Wohlbefinden der Geführten
- die Identifikation und die (moralische) Verpflichtung der Geführten zu ihrer Führungskraft und Organisation
- die Hoffnung, den Optimismus, die Ausdauer und die Widerstandsfähigkeit der Geführten
- das emotionale Wohlbefinden der Geführten

Nicht nur die transformationale Führung zeigt positive Auswirkungen auf die Arbeitsleistung, sondern auch die aktivste und wichtigste Teildimension der transaktionalen Führung (Contingent Reward). Contingent Reward bezieht sich auf die ziel- und leistungsabhängige Belohnung sowie Bestrafung. Auf Basis der

© Springer Fachmedien Wiesbaden 2016

M. Furtner, *Effektivität der transformationalen Führung,* essentials,

DOI 10.1007/978-3-658-15321-2_5

Studienergebnisse kam eine intensive Diskussion darüber auf, ob die transformationale Führung gemeinsam mit Contingent Reward eine noch stärkere Wirkung haben würde. Einerseits hat die transformationale Führung eine breitere positive Wirkung als Contingent Reward. Andererseits verstärken sich die studienbezogenen Hinweise, dass eine Führungskraft, welche transformationales und transaktionales Führungsverhalten kombiniert einsetzt, noch effektiver ist. Bezogen auf die alltägliche Leistung werden gemeinsame Ziele vereinbart, welche innerhalb eines bestimmten Zeitraums erreicht werden sollen. Hierbei wird die „Alltagsleistung" der Geführten positiv beeinflusst. Die transformationale Führung motiviert zu außergewöhnlichen Leistungen, welche über die gesetzten Erwartungen hinausgehen. Die transaktionale Führung (Contingent Reward) aktiviert die Vernunft der Geführten (den „Kopf"). Für die Geführten ist klar, welche Leistungen sie erbringen müssen und welche Belohnungen sie dafür erwarten dürfen. Die ständige „Karotte vor der Nase" hat jedoch einen entscheidenden Nachteil: Die Geführten gehen kaum über die vereinbarte Leistung hinaus. Haben sie ihr Leistungsziel erreicht, verringern die Geführten für gewöhnlich ihre Anstrengung. Sie motivieren sich nicht selbst, sondern werden „von außen" motiviert (= extrinsische Motivation). Die transformationale Führung bewirkt eine intensive Aktivierung der Emotionen und Gefühle der Geführten (das „Herz"). Die Geführten identifizieren sich mit der großen Vision (= herausragendes Ziel). Die Führungskraft wandelt die Motivation um: Die Geführten haben eine höhere innere Motivation (= intrinsische Motivation). Dadurch zeigen sie einen stärkeren Leistungseinsatz. Zusammengefasst haben sowohl die transformationale Führung als auch die aktive Form der transaktionalen Führung einen positiven Einfluss auf die Leistung. Die transformationale Führung beeinflusst stärker die Emotionen und die Identifikationskraft der Geführten.

In Alltagssituationen variieren Führungskräfte ihr transformationales und transaktionales Führungsverhalten. In einer jüngeren Studie im militärischen Kontext konnten Breevaart und Kollegen (2014) dies eindrucksvoll belegen. Auf einer Reise füllten 61 Seekadetten 34 Tage lang ein Tagebuch aus. Zeigten deren Führungskräfte an bestimmten Tagen ein stärker transformationales und aktiv transaktionales Verhalten, dann konnte eine höhere Arbeitsleistung beobachtet werden. Wurde ein aktiv kontrollierendes oder gar ein passives Führungsverhalten gezeigt, dann reduzierte sich die Leistung der Seekadetten entsprechend. Die Ergebnisse belegen, dass aktives Führungsverhalten in unterschiedlicher Dosierung (eher transformational oder aktiv transaktional) tagtäglich variiert werden kann und sich dieses sogleich positiv oder negativ auf die Geführten auswirkt (Furtner und Baldegger 2016).

Transformationale Führung und Geschlecht Nach Vinkenburg und Kollegen (2011) zeigen Frauen und Männer ein unterschiedlich starkes transformationales Führungsverhalten. Etwas überraschend weisen Frauen ein stärker aktives und effektives Führungsverhalten auf als Männer. Männer haben höhere Ausprägungen in den passiveren Führungsdimensionen. Aus Sicht der befragten Personen sollten Männer im Vergleich zu Frauen an der absoluten Führungsspitze einer Organisation ein stärker charismatisches Führungsverhalten *(inspirierende Motivation)* zeigen. Die Befragten gaben ferner an, dass sich Frauen stärker auf die *individuelle Berücksichtigung* fokussieren sollten. Insbesondere wenn sie beabsichtigen, in der Hierarchie aufzusteigen. Zudem sollten Frauen, welche zur Führungsspitze aufsteigen wollen, die *individuelle Berücksichtigung* mit der *inspirierenden Motivation* kombinieren.

Die „androgyne" transformationale Führungskraft Kark und Kollegen (2012) stellten sich die Frage, ob Führungskräfte als transformationaler wahrgenommen werden, wenn sie weibliche, männliche oder androgyne (= zweigeschlechtliche) Eigenschaften aufweisen. Unabhängig davon, ob es sich bei der Führungskraft um eine Frau oder um einen Mann handelt, werden jene Führungskräfte als transformationaler wahrgenommen, welche sowohl typisch weibliche als auch typisch männliche Merkmale in sich vereinen können. Die Geführten können sich stärker mit ihrer „zweigeschlechtlichen" Führungskraft identifizieren. Androgyne Führungskräfte verstehen es, sowohl typisch weibliche (liebenswürdig, herzlich, zuhören können) als auch typisch männliche (dominant, autoritär, dynamisch) Eigenschaften zu kombinieren. Generell scheinen für die befragten Personen typisch weibliche Eigenschaften wichtiger für die Führungseffektivität zu sein. Frauen, welche als zu „weiblich" und weniger als androgyn wahrgenommen werden, haben den Nachteil, dass sich die Geführten nur wenig mit ihnen identifizieren. Männliche Führungskräfte mit ausschließlich „männlichen" Eigenschaften (autoritär, dominant) werden zwar von männlichen Geführten akzeptiert, nicht jedoch von den weiblichen Geführten. Die weiblichen Geführten können sich mit zu dominant wirkenden Männern weniger identifizieren. Zur Steigerung der Führungseffektivität sollten sowohl Frauen als auch Männer zweigeschlechtliche (typisch weibliche und typisch männliche) Eigenschaften kombinieren. Dadurch steigert sich der Identifikationsgrad sowohl von den weiblichen als auch von den männlichen Geführten. Durch die höhere Identifikation werden die „androgynen" weiblichen und männlichen Führungskräfte als charismatischer und demnach als transformationale Führungskraft wahrgenommen (vgl. Furtner und Baldegger 2016).

Transformationale Führung: Entwicklung

6.1 Kann transformationale Führung erlernt werden?

Um die Frage zu beantworten, ob transformationale Führung erlernt und entwickelt werden kann, müssen Studien zunächst Belege liefern, ob Führungskräfteentwicklungsprogramme überhaupt wirksam sind. Eine mögliche Antwort können Zwillingsstudien liefern. Bei diesen Studien stellt sich die Frage, inwiefern der Erwerb einer Führungsposition und die Führungseffektivität angeboren oder erlernbar sind. Ein- oder zweieiige Zwillinge, welche früh voneinander getrennt und in vollkommen unterschiedlichen Umwelten aufgewachsen sind, liefern hier mögliche Antworten: Bei Zwillingsstichproben zeigt sich, dass ca. 30 % auf einen angeborenen (genetischen) Faktor, ungefähr 11,5 % auf die Berufserfahrung und ca. 60 % auf die Umwelteinflüsse zurückgeführt werden können. Das heißt, ob eine Person überhaupt eine Führungskraft wird und diese zudem noch effektiv ist, hängt von ca. 1/3 von der Anlage (vererbbarer genetischer Faktor) und beinahe zu 2/3 von den Umwelteinflüssen („Führung kann erlernt werden") ab (Arvey et al. 2006). Ein weiterer Beleg für die „Erlernbarkeit" von Führung liefert eine Studie zum transformationalen Führungsverhalten von Jugendlichen: Schüler in Sportteams schätzten ihre eigenen Eltern (Vater und Mutter) bezogen auf deren transformationales Führungsverhalten ein. Coaches und Teamkollegen bewerteten das transformationale Führungsverhalten der Schüler. Die Ergebnisse zeigen, dass jene Schüler transformationales Führungsverhalten zeigten, wenn ihre Väter transformational führen. Demnach kann transformationales Führungsverhalten bereits relativ früh im sozialen Umfeld erlernt werden (Zacharatos et al. 2000).

Die Wirksamkeit von transformationalen Führungskräfteentwicklungsprogrammen konnte bereits mehrfach überzeugend nachgewiesen werden (Furtner und Baldegger 2016). Hierbei ist ein transformationales Führungstraining

© Springer Fachmedien Wiesbaden 2016
M. Furtner, *Effektivität der transformationalen Führung*, essentials,
DOI 10.1007/978-3-658-15321-2_6

besonders erwähnenswert, welches in Israel im militärischen Kontext durchgeführt wurde. Dvir et al. (2002) trainierten 54 militärische Führungskräfte, welche in zwei Gruppen zugeordnet wurden. Die eine Gruppe erhielt ein transformationales Führungstraining und die andere Gruppe (Kontrollgruppe) ein „gewöhnliches" Führungstraining. Sechs Monate nach Abschluss der Trainingsprogramme wurden 90 direkt und 724 indirekt unterstellte Mitarbeiter befragt. Jene Gruppe mit dem transformationalen Führungstraining zeigt im Vergleich zur Gruppe mit dem gewöhnlichen Trainingsprogramm positivere Auswirkungen auf die direkt und indirekt unterstellten Mitarbeiter. Bei den direkt unterstellten Mitarbeitern konnte eine positive Entwicklungstendenz in deren Motivation, Moral und Selbstständigkeit beobachtet werden. Die indirekt unterstellten Mitarbeiter zeigten zudem eine Leistungssteigerung. Dieser Effekt ist äußerst bemerkenswert: Auf zwei Ebenen höher erlernen Führungskräfte transformationales Führungsverhalten, welches sich positiv auf die direkt unterstellten Mitarbeiter auswirkt. Deren Entwicklung hat wiederum einen positiven Einfluss auf die Leistung von Mitarbeitern, welche keinen direkten Kontakt zur trainierten Führungskraft haben. Die Ergebnisse zeigen sehr schön, wie eine Intervention auf einer bestimmten höheren Ebene einer Organisation einen Einfluss auf die darunter liegenden Ebenen haben kann. Neben dem Nachweis der Wirksamkeit eines transformationalen Führungstrainings belegt diese Studie eindrücklich, dass transformationale Führung einen positiven Einfluss auf die Organisationsentwicklung ausüben kann.

6.2   Transformationale Führung entwickeln

Bis zu welchem Grad die transformationale Führung entwickelt werden kann, hängt eng mit der Frage zusammen, inwiefern Charisma angeboren ist oder erlernt werden kann. Wäre Charisma eine ausschließlich „göttliche Gabe", dann könnte es nicht großartig entwickelt werden. Ist das Charisma einer Führungskraft ausschließlich von der subjektiven Wahrnehmung der Geführten abhängig, dann wäre sie alles andere als angeboren. Eine Führungskraft könnte in diesem Fall in ihrem Königreich (z. B. in ihrer Abteilung) von ihren Geführten als charismatischer Held wahrgenommen werden. Bewegt sie sich hingegen außerhalb ihres Reiches (z. B. während der Freizeit), dann würden ihr – bislang unbekannte – Menschen möglicherweise kein Charisma zuschreiben. Die Wahrheit liegt in der Mitte und unterschiedliche theoretische Ansätze und empirische Studien bestätigen diese Vermutung: Einerseits beeinflussen relativ stabile Persönlichkeitsmerkmale und Motive des Menschen das Charisma, wie es Max Weber etwas überspitzt als „göttliche Gabe" oder „außergewöhnliche Macht" beschrieben hat.

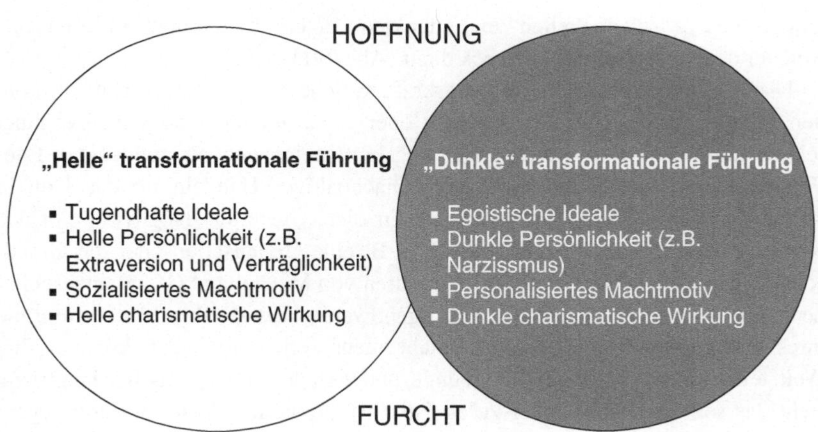

Abb. 6.1 Motivationale Wirkkraft des Charismas

Andererseits zeigen Studien, dass die Wirkweise des Charismas erlernt und von einer bestimmten Personengruppe (z. B. Geführte, Anhänger) wahrgenommen wird (Conger und Kanungo 1998). Persönlichkeitseigenschaften und Motive haben eine unterstützende Funktion, ob eine Führungskraft als mehr oder weniger charismatisch wahrgenommen wird. Eine introvertierte (in sich gekehrte) Führungskraft wird es schwieriger haben, tatsächlich von ihren Geführten als charismatisch wahrgenommen zu werden. Es ist jedoch nicht unmöglich: Durch intensives Training können die spezifischen Wirkmechanismen (z. B. Formulierung einer Vision, rhetorische Fähigkeiten) des Charismas entwickelt werden. Wichtig ist an diesem Punkt immer, dass die Führungskraft authentisch ist und nicht in eine unnatürliche Rolle fällt. Dies würde den Wirkmechanismus des Charismas „zerstören".

Jene zentralen Persönlichkeitseigenschaften und das Machtmotiv, welche positive Auswirkungen auf das Charisma ausüben, wurden in Kap. 3 beschrieben. Um die charismatische Wirkung von Führungskräften umfassend zu erklären, ist es entscheidend, keine Trennung zwischen „gut" und „böse" oder „hell" und „dunkel" vorzunehmen. Es sind die beiden Seiten einer Medaille, welche eine außergewöhnliche Energie freisetzen und intensivste motivationale Wirkkraft entfalten können. Das bedeutet, dass Führungskräfte sowohl mit „hellen" als auch mit „dunklen" Persönlichkeitseigenschaften und Motiven ein starkes Charisma entfalten können, welches sich in seiner Wirkkraft kaum unterscheidet. Der

Unterschied zwischen „hellen" und „dunklen" Eigenschaften liegt im Egoismus, welcher dem absoluten Selbstzweck dient (Abb. 6.1).

Die Konsequenzen einer Führungskraft, welche rein egoistisch handelt, können für das soziale Umfeld nachteilig oder sogar zerstörerisch sein. Bei einer relativ selbstlosen und sozialen Führungskraft zeigt sich ein reduzierter Ego-Fokus. Höhere Ideale und Ziele sowie nachhaltiges Handeln für das Umfeld stehen im Vordergrund. Dadurch ergeben sich wiederum langfristig positive Konsequenzen für das soziale Umfeld (z. B. eine Organisation oder die Gesellschaft). Um an den Machtentwicklungsstufen von McClelland (1975) anzuschließen: Egoistische Personen bemerken irgendwann, dass sie ihre Macht aufgrund ihres selbst zentrierten Verhaltens nicht mehr weiterentwickeln können. Ihre Welt teilt sich immer mehr in Freunde und Feinde auf. Mittel- bis langfristig steht das soziale Umfeld einer zu egoistisch fokussierten Person negativ gegenüber. Andere Menschen lehnen sie ab und versuchen sie zu vermeiden. Dadurch entsteht jedoch auch die Chance, dass sich die „dunkle" Führungspersönlichkeit weiterentwickelt und höhere „sozialverträgliche" Ziele und Verhaltensweisen zeigt. Überblicken wir all die Ansätze und Studienergebnisse, dann können sowohl extravertierte und charmante Narzissten mit einem stark personalisierten (egoistischen) Machtmotiv als auch extravertierte und herzliche Führungskräfte mit einem hohen sozialisierten Machtmotiv eine starke charismatische Wirkung entfalten. Beide können demnach transformationales Führungsverhalten zeigen. Die Unterscheidung von Bass (1990) und Conger (1990) in eine helle und dunkle (transformationale/charismatische Führung) muss als eine Reaktion auf die damalige Kritik betrachtet werden. Wären beide Konstrukte absolut „hell" und positiv, dann würde nur eine Seite der Medaille beschrieben werden, was die Führungsrealität bei weitem nicht abbildet.

Eine weitere Einflussgröße, welche das Charisma und die transformationale Führung möglicherweise begünstigt und intensiv in der Literatur diskutiert wird, ist die emotionale Intelligenz. Emotional intelligente Personen verstehen es, nicht nur die eigenen Emotionen und Gefühle richtig wahrzunehmen und zu beeinflussen, sondern auch die Emotionen und Gefühle von anderen Menschen in eine bestimmte Richtung zu lenken. Sie verfügen über das entsprechende Einfühlungsvermögen (= Empathie), um die Emotionen und Gefühle von anderen Menschen zu verstehen und in letzter Konsequenz auch positiv zu beeinflussen. Manche Autoren nehmen sogar an, dass die emotionale Intelligenz der lang ersehnte und unbekannte X-Faktor für die transformationale Führung ist. Viele Studien bestätigen zwar die positive Beziehung zwischen emotionaler Intelligenz und der transformationalen Führung, sie ist dennoch bei weitem nicht so stark, wie von manchen Personen erhofft. Die emotionale Intelligenz kann förderlich für das Auftreten von transformationaler Führung sein, sie ist jedoch nicht der alles entscheidende Faktor (Harms und Credé 2010).

Neben relativ stabilen Einflussgrößen (z. B. Persönlichkeit) gibt es erlernbare *Fähigkeiten,* welche transformationales Führungsverhalten begünstigen können. Der Vorteil dieser Fähigkeiten liegt auf der Hand: Sie können trainiert und entwickelt werden. Somit können sie sehr gut in ein Führungskräfteentwicklungsprogramm zur Förderung der transformationalen Führung integriert werden. Eine zentrale Fähigkeit zur Entwicklung der transformationalen Führung ist Self-Leadership (Furtner et al. 2013). Um andere Menschen effektiv zu führen, muss eine Führungskraft sich zunächst selbst führen: „If you want to lead somebody, the first critical step is to lead yourself" (Manz und Sims 1991, S. 25). Auch Dee Hock, der Gründer des Kreditkartenunternehmens VISA, geht davon aus, dass sich Menschen zunächst selbst führen müssen, um andere Menschen effektiv zu beeinflussen. Er rät Führungskräften, dass sie zumindest 50 % ihrer Zeit für Self-Leadership aufwenden sollten, um die Führungseffektivität zu steigern. Die kürzeste Definition von Self-Leadership ist die zielorientierte und effektive *Selbstbeeinflussung* (Influencing Oneself) und die einfachste Definition von Führung (Leadership) ist die zielorientierte und effektive *Fremdbeeinflussung* (Influencing Others). Unter Self-Leadership wird demnach die effektive Selbstbeeinflussung zur Steigerung der persönlichen Effektivität und Leistung verstanden. Die erfolgreiche Selbstbeeinflussung ist eine wichtige Grundvoraussetzung zur Entwicklung der transformationalen Führung (Furtner 2012, 2016; Furtner und Baldegger 2016; Furtner et al. 2013). Self-Leadership besteht aus drei zentralen Beeinflussungsstrategien:

1. Verhaltensfokussierte Strategien
2. Natürliche Belohnungsstrategien
3. Konstruktive Gedankenmusterstrategien

1. *Verhaltensfokussierte Strategien*
Die verhaltensfokussierten Strategien unterteilen sich in folgende trainierbare Dimensionen: 1) *Selbstzielsetzung,* 2) *Selbstbeobachtung,* 3) *Selbstbelohnung,* 4) *Selbstbestrafung* und 5) *Selbsterinnerung.* Mittels der Selbstzielsetzung setzt sich die Führungskraft förderliche Ziele. Auf dem Weg zur Zielerreichung beobachtet sie ihren Entwicklungsfortschritt und versucht diesen aktiv zu fördern. Ist die Führungskraft mit ihrem Verhalten zufrieden, dann kann sie sich aktiv Belohnungen setzen. Beispielsweise gönnt sie sich nach einem

erfolgreichen Arbeitstag ein gutes Essen oder einen Konzertbesuch. Zeigt sie alt eingesessene und unerwünschte Verhaltensweisen, dann kann sie sich auch selbst bestrafen. Hierbei sollten positive Konsequenzen ausbleiben (z. B. gibt es dann am Abend eben kein gutes Essen oder keinen Konzertbesuch). Die Selbsterinnerung dient dazu, dass sich die Führungskraft immer wieder an ihr Ziel erinnern kann. Beispielsweise nutzt sie hierfür Post-its, Notizbücher, Poster oder Tonbandaufnahmen. Wichtig ist, dass sich die Führungskraft immer und immer wieder an ihr Ziel erinnert. Sie kann zudem ihr zentrales Ziel gedanklich wiederholen.

2. *Natürliche Belohnungsstrategien*

   Die natürlichen Belohnungsstrategien zielen darauf ab, dass die Führungskraft ihre innere (intrinsische) Motivation steigert. Intrinsische Motivation bedeutet im Kern, dass die Führungskraft Spaß und Freude an ihrer Führungsaufgabe und generell bei ihrer Arbeit hat. Sie kann sich immer wieder den positiven und sinnvollen Aspekten ihrer Arbeitsaufgabe bewusst machen. Das Ziel ist es, dass ihr die Führungsrolle an sich Spaß und Freude bereitet.

3. *Konstruktive Gedankenmusterstrategien*

   Die konstruktiven Gedankenmusterstrategien fördern den positiven gedanklichen Fokus. Sie bestehen aus drei trainierbaren Dimensionen: 1) *Visualisierung erfolgreicher Leistung,* 2) *Selbstgespräch* und 3) eigene *Überzeugungen und Sichtweisen bewerten.* Die Führungskraft nutzt ihre Vorstellungskraft, um sich ihre erfolgreiche Zielerreichung so bildhaft wie nur möglich vorzustellen. Sie versetzt sich in die Zukunft und stellt sich vor, wie sie bereits ihr Ziel erreicht hat. Sie „beamt" sich inmitten eines schönen Bildes, welches mit strahlenden Farben, schönen Klängen und Gerüchen und einem Gefühl des Stolzes und des Erfolges erfüllt ist. Um sich auf dem Weg zur Zielerreichung immer wieder selbst zu motivieren und zu verstärken, nutzt die Führungskraft positive Selbstgespräche. Diese dienen zur Selbstmotivation. Hat eine Führungskraft ein bestimmtes Zwischenziel erreicht, dann kann sie sich selbst gut zureden („Ich bin stolz auf mich", „Ich kann es"). Sie motiviert und belohnt sich selbst. Letztlich ist es entscheidend, dass eine Führungskraft über ihre grundlegenden Überzeugungen und Sichtweisen nachdenkt. Möglicherweise sind diese überholt oder sogar hinderlich für den Führungserfolg. Dadurch kann sie einen aktiven Beitrag zur Entwicklung des transformationalen Führungsverhaltens leisten.

Wie Furtner und Kollegen (2013, 2015) zeigen konnten, sind insbesondere die natürlichen Belohnungsstrategien eine Schlüsselvoraussetzung für die transformationale Führung. Führungskräfte, welche die natürlichen Belohnungsstrategien wirksam anwenden können, werden von ihren Geführten als aktive und effektive (transformationale) Führungskräfte wahrgenommen. Hinzu kommt, dass eben diesen Führungskräften von ihren Geführten aktive und dynamische Persönlichkeitsdimensionen zugeschrieben werden. Sie nehmen ihre Führungskraft (mit hohen natürlichen Belohnungsstrategien) als sehr extravertiert und offen wahr (Furtner 2012). Eine Führungskraft, welche über hohe natürliche Belohnungsstrategien verfügt, wird demnach als dynamische Persönlichkeit mit einem starken transformationalen Führungsverhalten wahrgenommen. Die natürlichen Belohnungsstrategien fördern direkt die *intrinsische Motivation.* Eine intrinsisch motivierte Führungskraft hat Spaß und Freude an ihren Führungsaufgaben und diese Begeisterung überträgt sich unmittelbar auf das Umfeld. Sie ist dadurch nicht nur äußerst effektiv und erfolgreich, sondern ihr werden von den Geführten auch sehr positive Eigenschaften zugeschrieben. Unterschiedliche Ansätze und Studien bekräftigen die Vermutung, dass in der intrinsischen Motivation der Führungskraft ein zentrales Schlüsselmerkmal zur Förderung der transformationalen Führung liegt (Barbuto 2005; Furtner et al. 2013; Shamir et al. 1993). Dies wird durch ein weiteres Konzept gestützt, die affektive (emotionale) Führungsmotivation. Hierbei zeigen die Führungskräfte ein *intrinsisches Interesse an Führung.* Führung an sich macht ihnen Spaß und Freude und sie können sich mit ihrer Führungsrolle absolut identifizieren. Führungskräfte, welche eine hohe affektive (emotionale) Führungsmotivation haben, sind sehr effektiv.

Weshalb hat die intrinsische Motivation der Führungskraft einen so starken Einfluss auf das transformationale Führungsverhalten? Die Grundidee ist sehr einfach: Führungskräfte, welche *Spaß* und *Freude* an ihrem Tun haben, werden als charismatischer wahrgenommen. Spaß, Freude und die entsprechende *Begeisterung* haben einen direkt positiven Einfluss auf die Emotionen einer Führungskraft. Mit ihren positiven Emotionen und ihrer *Leidenschaft* für die Führungsaufgaben und Ziele strahlt sie eine unglaubliche *Energie* aus. Nicht zu vergessen ist, dass diese Energie direkt in der Führungskraft erzeugt wird. Idealerweise stellen wir uns hierbei das Bild einer Teslaspule (Tesla-Transformator) vor. Die transformationale Führungskraft entspricht dem Tesla-Transformator. Es wird eine hoch konzentrierte Energie innerhalb des Transformators (der Führungskraft) erzeugt, welche dann eindrucksvoll ausstrahlt. Hochspannung wird erzeugt. Die Führungskraft strahlt aufgrund ihrer inneren Energie (Spaß, Freude) ein begeisterungsfähiges Charisma aus. Die Geführten nehmen diese unbeschreibliche Energie wahr und schreiben ihrer Führungskraft eine besondere Ausstrahlung zu. Die Geführten identifizieren sich mit dieser Energie, welche äußerst ansteckend wirkt. Die Führungskraft wird als transformational wahrgenommen. Ein besonderes Mittel, um diese „energetische" Strahlkraft zu übertragen, stellt die charismatische Rede (Rhetorik) dar.

Transformationale Führungskräfte sind *Meister der Rhetorik*. Mittels Selbstzielsetzung wird in einem ersten Schritt die Vision formuliert. Die Führungskraft entwickelt eine unglaubliche Überzeugung und Begeisterung für diese Vision und kann es kaum erwarten, sie in die Tat umzusetzen. Dadurch vermittelt sie eine Aura der Zuversicht und entwickelt (mittels den natürlichen Belohnungsstrategien) eine starke intrinsische Motivation. Sie hat Spaß und Freude und zeigt Begeisterung für ihre Führungsaufgaben und Ziele. Eine innere Energie wird erzeugt, welche durch ihre außergewöhnliche Dynamik auf andere Menschen ansteckend wirkt. Die Vision wird mit hohen (persönlichen) Werten und Idealen in Verbindung gebracht. Dadurch findet die „charismatische" Verknüpfung zwischen dem idealisierten Einfluss und der inspirierenden Motivation statt. Sind jene zu transportierenden Ideale klar und die Vision bildhaft präsent, folgt der nächste Schritt: Die Vision muss überzeugend und mit absoluter Begeisterung an die Geführten vermittelt werden. Hierzu werden in Anlehnung an Weibler (2010) einige Taktiken und Ratschläge zur Entwicklung der charismatischen und transformationalen Führung gegeben (siehe Kap. 2):

- Setze Dir hohe Ziele und Visionen und opfere Dich für Deine große Idee auf
- Betone die Ähnlichkeit zwischen Dir und Deinen Zuhörern
- Betone das gemeinsame Interesse und verstärke das „Wir-Gefühl"
- Fördere eine Identität, welche alle miteinander verbindet
- Betone die gemeinsame Geschichte und verbinde sie mit der Gegenwart und der Zukunft
- Betone die unbedingte Notwendigkeit zum Handeln und vermittle ein Gefühl des „Wir können das gemeinsam schaffen"
- Nutze die beiden Seiten der menschlichen Antriebsmotivation: Hoffnung und Furcht
- Verpacke die Vision in eine einfache und bildhafte Botschaft
- Nutze die Bildsprache und erzähle Geschichten
- Setze Stimme und Körper mit voller Begeisterung ein
- Nutze Metaphern, höre zu, stelle Fragen und wiederhole Dich

Barack Obama, welcher als exzellenter Redner gilt, ist ein perfektes Beispiel, wie die charismatische und transformationale Rede in der Praxis umgesetzt werden kann. Hierbei ist insbesondere Obamas charismatischer US-Präsidentenwahlkampf im Jahr 2008 zu betonen. Charisma wirkt insbesondere in dynamischen und unsicheren Zeiten (z. B. ein unzufriedenes oder angstbesetztes Volk). In der damaligen Situation gab es eine hohe Unzufriedenheit mit der bestehenden politischen Führung. Obama als junger, dynamischer und charismatischer Redner konnte diese Situation klar für sich nutzbar machen. Thunert (2010) gibt einen Überblick über die rhetorische Gewandtheit Obamas. In den charismatischen Reden von Obama sind insbesondere das Ideal der menschlichen Grundmotivation *„Hoffnung"* (Hope) und des *„Wandels"* (Change) federführend.

Elemente der charismatischen Rede Obamas

- Hoffnung auf eine neue Generation von Amerikanern, welche das Land anders führen
- Hoffnung auf die Überwindung von Rassenunterschieden (Ideale der Freiheit, Gleichheit und Gerechtigkeit)
- Vermittlung des „Wir-Gefühls"
- Leidenschaftliche und ansteckende Reden
- Integration der Vergangenheit (z. B. große Taten ehemaliger Präsidenten) in die Gegenwart und Zukunft
- Nutzung eines ständig sich wiederholenden „Mantras": „Yes we can"
- Betonung des Faktors Zeit (z. B. „Jahrhunderte", „dieser Tag", „dieser Moment", „21. Jahrhundert")
- Nutzung der „Wir-Sprache": Die Betonung des „Ich" kam im Wahlkampf so gut wie nie vor
- Nutzung der „Ich-Sprache" in der Präsidentenrolle (Transformation und Rollenwechsel)

Während Obama im Wahlkampf 2008 eindeutig mit charismatischen und transformationalen Elementen erfolgreich zu überzeugen wusste, zeigte er im Wahlkampf 2012 als Präsident ein völlig anderes Gesicht: Die charismatische Komponente in den Reden war verschwunden und manche unabhängige Beobachter stuften sein Wahlkampfverhalten als beinahe schon zu lasch und unmotiviert ein. Möglicherweise verfolgte er auch stärker die Strategie als besonnener Präsident aufzutreten. Dennoch, die charismatische und transformationale Rede war weitgehend verschwunden. Dieser „Rollenwechsel" lässt mehrere Erkenntnisse zu: Transformationale Führung ist abhängig von der situativen Komponente (z. B. Unzufriedenheit mit dem bestehenden System). Im Wahlkampf 2008 trat Obama als charismatischer Kandidat mit einer idealisierten Hoffnungs- und Veränderungsrhetorik auf. Diese charismatische Dynamik konnte er nicht in den Wahlkampf 2012 übertragen. Dies bedeutet, dass Charisma und transformationale

Führung einerseits von der Situation und andererseits von den vermittelten Idealen, der Inspiration und von den rhetorischen Mitteln abhängig ist. Transformationale Führung ist demnach veränderbar und Obama hat diese Rolle im Jahr 2008 sehr gut verkörpert. Die Obamareden im Jahr 2008 wirken perfekt vorbereitet. Es folgt die zweite Herleitung, dass die charismatische und transformationale Wirkung trainiert und entwickelt werden kann. Die dritte Schlussfolgerung bezieht sich darauf, dass Obama von seinen stabilen Persönlichkeitseigenschaften her als extravertiert, offen und verträglich wirkt: Diese können unterstützend auf die Entwicklung der transformationalen Führung einwirken. Zudem verfügt er über ein ausgeprägtes Machtmotiv. Ob dieses personalisiert (mit einer narzisstischen Komponente) oder sozialisiert ist, lässt sich für Außenstehende schwer sagen. Die Inhalte der charismatischen Reden im Jahr 2008 (z. B. die Ideale, die „Wir-Rhetorik") verweisen auf ein sozialisiertes Machtmotiv. Obama ist ein perfektes Beispiel, wie in einem günstigen Zusammenspiel 1) die situative Komponente zur damaligen Zeit, 2) die trainierbaren Fähigkeiten und 3) die Persönlichkeit eine sehr starke Kraftquelle entwickeln können, die hinlänglich als Charisma bezeichnet wird. Die besondere Ausstrahlung des Charismas ist es, welche den Kern der transformationalen Führung darstellt.

Was Sie aus diesem *essential* mitnehmen können

- Charisma und die transformationale Führung nehmen eine mächtige Rolle in der Geschichte der Menschheit ein
- Transformationale Führung ist in unsicheren und dynamischen Umwelten wirksam
- Persönlichkeitseigenschaften und ein hohes Machtmotiv begünstigen das Auftreten von transformationaler Führung
- Sowohl „helle" (z. B. Extraversion, Offenheit und Verträglichkeit) als auch „dunkle" Eigenschaften (z. B. Narzissmus) begünstigen das Charisma einer transformationalen Führungskraft
- Das „helle" (selbstlose, sozialisierte Machtmotiv) und das „dunkle" (egoistische, personalisierte) Machtmotiv haben Einfluss auf das Charisma
- Die beiden höchsten Dimensionen (idealisierter Einfluss und inspirierende Motivation) der transformationalen Führung bilden das Charisma ab
- Die intellektuelle Stimulierung nutzt das Wissen, die Fähigkeiten und Talente der Geführten und fördert den Perspektivenwechsel
- Bei der individuellen Berücksichtigung übernimmt die transformationale Führungskraft die Rolle des Coach, Trainer und Lehrer
- Transformationale Führung motiviert zu außerordentlichen Leistungen und fördert mittels ihres Charismas eine hohe Identifikation der Geführten
- Zweigeschlechtliche (androgyne) Eigenschaften einer transformationalen Führungskraft wirken sich positiv auf die Identifikation der Geführten und die Effektivität aus Transformationale Führungskräfte sollten typisch weibliche (z. B. herzlich, fürsorglich) und männliche (z. B. dominant, durchsetzungskräftig) Merkmale aufweisen
- Transformationale Führung kann trainiert und entwickelt werden

© Springer Fachmedien Wiesbaden 2016
M. Furtner, *Effektivität der transformationalen Führung*, essentials,
DOI 10.1007/978-3-658-15321-2

- Self-Leadership und die intrinsische Motivation einer Führungskraft wirken sich positiv auf die Wahrnehmung des Charismas der transformationalen Führung aus
- Drei Elemente bewirken, dass eine transformationale Führung erfolgreich ist: 1) die Situation, 2) Persönlichkeitseigenschaften und Motive und 3) trainierbare Fähigkeiten (z. B. Self-Leadership, Rhetorik, Wissen über die Beeinflussungsmechanismen der transformationalen Führung)

Literatur

Antonakis, J. (2012). Transformational and charismatic leadership. In D. V. Day & J. Antonakis (Hrsg.), *The nature of leadership* (S. 256–288). Thousand Oaks: Sage.

Arvey, R. D., Rotundo, M., Johnson, W., Zhang, Z., & McGue, M. (2006). The determinants of leadership role occupancy: Genetic and personality factors. *The Leadership Quarterly, 17,* 1–20.

Back, M. D., Küfner, A. C. P., Dufner, M., Gerlach, T. M., Rauthmann, J. F., & Denissen, J. J. A. (2013). Narcissistic admiration and rivalry: Disentangling the bright and dark sides of Narcissism. *Journal of Personality and Social Psychology, 105,* 1013–1037.

Barbuto, J. E. (2005). Motivation and transactional, charismatic, and transformational leadership: A test of antecedents. *Journal of Leadership and Organizational Studies, 11,* 26–40.

Bass, B. M. (1985). *Leadership and performance beyond expectations.* New York: Free Press.

Bass, B. M. (1990). From transactional to transformational leadership: Learning to share the vision. *Organizational Dynamics, 18,* 19–36.

Bass, B. M., & Avolio, B. J. (1995). *MLQ Multifactor Leadership Questionnaire: Technical Report.* Redwood City: Mind Garden.

Breevaart, K., Bakker, A., Hetland, J., Demerouti, E., Olsen, O. K., & Espevik, R. (2014). Daily transactional and transformational leadership and daily employee engagement. *Journal of Occupational and Organizational Psychology, 87,* 138–157.

Burns, J. M. (1978). *Leadership.* New York: Harper & Row.

Conger, J. (1990). The dark side of leadership. *Organizational Dynamics, 19,* 44–55.

Conger, J. A., & Kanungo, R. (1998). *Charismatic leadership in organizations.* San Francisco: Jossey-Bass.

Dvir, T., Eden, D., Avolio, B. J., & Shamir, B. (2002). Impact of transformational leadership on follower development and performance: A field experiment. *The Academy of Management Journal, 45,* 735–744.

Furtner, M. (2012). *Self-Leadership: Assoziationen zwischen Self-Leadership, Selbstregulation, Motivation und Leadership.* Lengerich: Pabst Science Publishers.

Furtner, M. (2016). *Selbstführung und Selbstmanagement: Eine Geschichte über Erfolg und Glück – Mit praktischen Übungen.* Innsbruck: Studia.

© Springer Fachmedien Wiesbaden 2016

M. Furtner, *Effektivität der transformationalen Führung,* essentials,

DOI 10.1007/978-3-658-15321-2

Furtner, M., & Baldegger, U. (2016). *Self-Leadership und Führung* (2. überarbeite und aktualisierte Auflage). Wiesbaden: Springer Gabler.

Furtner, M. R., Baldegger, U., & Rauthmann, J. F. (2013). Leading yourself and leading others: Linking self-leadership to transformational, transactional, and laissez-faire leadership. *European Journal of Work and Organizational Psychology, 22,* 436–449.

Furtner, M. R., Rauthmann, J. F., & Sachse, P. (2015). Unique self-leadership: A bifactor model approach. *Leadership, 11,* 105–125.

Harms, P. D., & Credé, M. (2010). Emotional intelligence and transformational and transactional leadership: A meta-analysis. *Journal of Leadership and Organizational Studies, 17.* 5–17.

Isaacson, W. (2011). *Steve Jobs.* London: Little & Brown.

Kark, R., Waismel-Manor, R., & Shamir, B. (2012). Does valuing androgyny and femininity lead to female advantage? The relationship between gender-role, transformational leadership and identification. *The Leadership Quarterly, 23,* 620–640.

Lowe, K. B., Kroeck, K. G., & Sivasubramaniam, N. (1996). Effectiveness correlates of transformational and transactional leadership: A meta-analytic review of the MLQ literature. *The Leadership Quarterly, 7,* 385–415.

Manz, C. C., & Sims, H. P. (1991). Superleadership: Beyond the myth of heroic leadership. *Organizational Dynamics, 19,* 18–35.

McClelland, D. C. (1975). *Power: The inner experience.* New York: Irvington.

Shah, T., & Mulla, Z. R. (2013). Leader motives, impression management, and charisma – a comparison of Steve Jobs and Bill Gates. *Management and Labour Studies, 38,* 155–184.

Shamir, B., House, R. J., & Arthur, M. B. (1993). The motivational effects of charismatic leadership: A self-concept based theory. *Organization Science, 4,* 577–594.

Sharma, A., & Grant, D. (2011). Narrative, drama and charismatic leadership: The case of Apple's Steve Jobs. *Leadership, 7,* 3–26.

Thunert, M. (2010). Obamas Redekunst – Instrumente zum Machterwerb, aber nicht zum Machterhalt? In J. Weibler (Hrsg.), *Barack Obama und die Macht der Worte* (S. 81–99). Wiesbaden: VS Verlag.

Vinkenburg, C. L., Engen, M. L. van, Eagly, A. H., & Johannesen-Schmidt, M. C. (2011). An empirical study of leader ethical values, transformational and transactional leadership, and follower attitudes toward corporate social responsibility. *The Leadership Quarterly, 22,* 10–21.

Weber, M. (1947). *The theory of social and economic organizations.* New York: Free Press.

Weibler, J. (2010). Obama kam, sprach und siegte – Oder wie Reden Führung begründen. In J. Weibler (Hrsg.), *Barack Obama und die Macht der Worte* (S. 18–38). Wiesbaden: VS Verlag.

Zacharatos, A., Barling, J., & Kelloway, E. K. (2000). Development and effects of transformational leadership in adolescents. *The Leadership Quarterly, 11,* 211–226.

Zhu, W., Riggio, R. E., Avolio, B. J., & Sosik, J. (2011). The effect of leadership on follower moral identity: does transformational leadership/transactional style make a difference? *Journal of Leadership and Organizational Studies, 18,* 150–163.

Lesen Sie hier weiter

Marco Furtner, Urs Baldegger

Self-Leadership und Führung
Theorien, Modelle und
praktische Umsetzung

2. Aufl. 2016, XI, 273 S.
Softcover: € 9,99
ISBN 978-3-658-13044-2

Änderungen vorbehalten.
Erhältlich im Buchhandel oder beim Verlag.

Einfach portofrei bestellen:
leserservice@springer.com
tel +49 (0)6221 345-4301
springer.com